Rile & Gerhard Schöne

Du hast mich lieb –
das tut mir gut

D1665703

Die schönsten Geschichten,
Lieder & Gebete für Kinder

benno

Inhalt

Unser Brief an dich, liebes Kind,

Du hast ganz für dich allein ein Buch mit Gebeten und Geschichten, Liedern und Gedichten. Darin steht, wie du mit deinem himmlischen Vater sprechen kannst. Auch wirst du Psalmenworte finden. Das sind Gebete, die schon Jesus Christus gebetet hat, auch seine Vorfahren, sowie deine Ahnen vor hundert und zweihundert Jahren. Das ist ein großer Schatz.

Wir wünschen dir Freude an diesem Buch, das dich begleiten soll. Mögen die Texte Zugang zu deinem Herzen finden: Jetzt oder später!

Rile und Gerhard Schöne

5

Dein bin ich, Lieber Gott

Nimm mein Herz

Nimm mein Herz,
es ist die Taube,
die die Meere überfliegt,
die treibt es wieder fort.
Sie sucht und flieht den Ort,
wo sie warm und sicher liegt.

Nimm mein Herz,
es ist die Wolke,
die grad überm Nussbaum stand.

Die spielt mal mit der Spatzenschar,
kriecht als Nebel in dein Haar,
und doch fasst sie keine Hand.

Nimm mein Herz,
es ist ein Garten,
steinig und wüst.
Bist du nah, fällt der Regen drauf,
und es geht der Samen auf,
der darin verborgen ist.

Gerhard Schöne

Guten Morgen

Als ich heute aufgewacht,
sah ich gleich: Die Sonne lacht!
Und sie lacht auch
in mir innen,
muss mich gar nicht
lang besinnen.
Großer Gott, mit deinem Segen
leite mich auf allen Wegen.

Guten Morgen, lieber Tag,
schön bist du, was kommen mag!
Sei es auch ein Abenteuer
oder gar ein Ungeheuer,
Donnerwetter, Wolke, Wind,
alle mir willkommen sind.

Eh der Weg zur Schule geht,
sprech ich leise mein Gebet:
„Lass mich, Gott, mit Herz und
Sinnen
diesen neuen Tag beginnen.
Nirgends als bei dir allein
kann ich recht bewahret sein."

Dein bin ich, Lieber Gott

Gott, du hast mich lieb,
du gibst mir Mut,
du stehst mir bei.
Das tut gut.

Gott,
du schenkst Freude

Gott, du schenkst Freude
und schickst Leid
und alles kommt zu rechter Zeit.
Wie du es willst,
so soll es sein.
Schließ mich
in deine Arme ein.

Augen, Ohren und Herz

Irgendwo klingelt es leis,
dann geht die Kaffeemaschine.
Hat da ein Auto gehupt?
Laut quietscht die Bahn in der
Schiene.
Vater ruft dich aus dem Bett,
hell sprudelt Wasser ins Becken.
Im Radio spielt Flötenmusik.
Alles das hörst du beim Wecken.

Gut, dass du Ohren hast,
gut, dass du hörst.
Gut, dass du Ohren hast,
gut, dass du hörst.

Sieh dir die Wolken mal an,
sehn sie nicht aus wie Gesichter?
Schau, wenn die Sonne aufgeht
und es wird lichter und lichter.
Leute rennen zur Bahn,
manche beim Bäcker anstehen.
Da verliert einer den Hut.
Überall gibt's was zu sehen.

Gut, dass du Augen hast,
gut, dass du siehst.
Gut, dass du Augen hast,
gut, dass du siehst.

Wenn es blitzt, donnert und pfeift,
matt sind die Fenster beschlagen.
Mutter kocht heißen Kakao,
dann fühlst du warmes Behagen.
Läuft dir ein Kätzchen mal zu,
gib ihm zu trinken, zu fressen.
Streichle es, dann wird's dein Freund.
Freunde darf man nie vergessen.

Gut, dass ein Herz du hast,
gut, dass du fühlst.
Gut, dass ein Herz du hast,
gut, dass du fühlst.

Gerhard Schöne

Lieber kleiner Angsthase

In einem verlassenen Steinbruch lebt er, mein kleiner Angsthase. Er ist aber kein Hase mit langen Ohren – seine Eltern und Geschwister nennen ihn nur so.

Vielleicht hat zu dir auch schon jemand „Angsthase" gesagt? Nein, mein Angsthase hoppelt nicht – er kriecht und trägt immer ein Häuschen mit sich herum. Erschrickt er, schlüpft er hast-du-nicht-gesehen hinein. Na, nun weißt du, wer mein Angsthase ist: ja, eine Schnecke. Aber eine ganz besonders hübsche – eine Hainschnirkelschnecke.

Ihr Haus ist kaum größer als eine Sauerkirsche, aber es ist geschmückt mit gelben und schwarzen Bändern.

Meine Schnecke war gerade sieben Wochen alt, als sie sich gemächlich nach Schneckenart auf den Weg machte, um von dem weichen, faulen Laub am Tümpel zu kosten und sich den hungrigen Bauch zu füllen.

Da begegnete ihr eine große Weinbergschnecke.

„Pass auf, Kleine", warnte sie, „wenn die schwarze Amsel dich sieht, wird sie dich auf ihrem Stein zerhacken und dich verschlingen."

‚Nein', dachte das Schnecklein, ‚ich bin doch nicht lebensmüde! Da kehre ich lieber hungrig um und verstecke mich.'

Als es zu seiner Familie kam, klagte es: „Ach, ich habe immer noch Hunger, aber noch viel, viel mehr Angst!"

„Vor wem denn?", fragten die anderen.

Da erzählte das Schnecklein, was die Weinbergschnecke gesagt hatte.

„Du musst dich nicht fürchten", trösteten alle. „Die schwarze Amsel holt sich doch nur die dicken, fetten Weinbergschnecken. Vor uns aber hat sie selber Angst." „Wie bitte?", fragte das Schnecklein verblüfft. „Wieso fürchtet sich ein Vogel vor uns Winzlingen?"

„Komm mit, mein Kind", forderte der alte Schnirkelschneck das Schneckchen auf, „ich muss dir etwas zeigen." Und er stupste das Schneckenkind sachte vor sich her zu einem Steinbrocken, auf dem eine schwarze Amsel saß. Kaum hatte diese die beiden Schnirkelschnecken erspäht, flog sie mit einem Schrei davon.

„Siehst du", sagte der Schnirkelschneck, „kein Grund zur Panik. Der Vogel hat Angst vor uns! Unser Haus ist verziert mit gelben und schwarzen Streifen – Streifen, wie sie die Wespe und der Tiger haben. Gelb und Schwarz sind Warnfarben und signalisieren anderen Tieren: Achtung, Gefahr! Für uns aber dienen diese Farben als Schutz."

Der kleinen Schnecke fiel ein Stein vom Herzen. Sie streckte ihre Fühler nach dem Alten aus und fragte: „Dann haben wir gar keine Feinde?"

„O doch", sagte der Schnirkelschneck etwas streng. „Einen einzigen mächtigen Feind haben wir: die Angst. Sie ist unser größter Feind!"

Der Alte kroch unter einem Farnblatt hindurch und zeigte auf das Haus einer Weinberg-schnecke. Es war verlassen, aber doch nicht ganz leer: Das Gehäuse einer Schnirkelschnecke guckte heraus; seine Farben waren verblasst und ohne Glanz.

„Oh", flüsterte die kleine Schnecke, „was macht die denn da drin?" Das Schneckchen versteckte sich hinter dem alten Schnirkelschneck. „Die sieht so … so tot aus … ", sagte es heiser.

Der Schnirkelschneck nickte. „Sie war meine Schwester. Immer hatte sie Angst, immer nur Angst. Zuletzt kroch sie ins leere Haus einer Weinbergschnecke und kam nicht mehr heraus. Sie verhungerte. Traurig, nicht?"

Ja, so war das. Komm doch mal bei mir vorbei, dann zeige ich dir im Gehäuse der Wein-bergschnecke das Häuschen der Schnirkelschnecke, die vor lauter Angst gestorben ist.

11

Lieber Gott,
ich habe auch oft Angst vor anderen, die auf mir herum- hacken wie der Vogel, der auf die Schnecke einpickt, bis ihr Haus kaputt ist. Und doch weiß ich: es ist nicht gut, mich vor den anderen zu verkriechen, denn da- durch wird die Angst nicht kleiner, und ich werde nur ganz einsam.
Auch, dass wir Menschen vieles verderben, was du geschaffen hast, macht mir Angst.
Ich bitte dich, nimm die Angst weg und gib mir Mut ins Herz. Du bist ja da, und du tröstest mich gerade dann, wenn ich Angst habe.

Klabüster, Klabuster

Klabüster, Klabuster,
die ganze Welt ist duster.
Drum wär' ich so gerne
'ne leuchtende Laterne
und strahlte dir mein Licht
ins liebe Angesicht.

Klabonster, Klabenster,
wer Angst hat, sieht Gespenster,
fängt an, sich zu versichern,
kann nicht mehr herzleicht kichern,
glaubt jeden Augenblick,
ihm droht sein Missgeschick.

Klabimmel, Klabommel,
mein Herz ist eine Trommel.
Wenn ich zu lange schweige,
den Kummer keinem zeige,
lässt es mir keine Ruh
und trommelt immerzu.

Gerhard Schöne

Gott, du bist wie ein guter Vater. Du nimmst
mich an die Hand und gehst mit mir auf
allen Wegen: ob am Tage oder im Dunkel
der Nacht. Du allein weißt in deiner Liebe,
was für mich wichtig ist. In dir und mit dir ist
Frieden allein. Lass mich dein Kind bleiben,
wie auch mein Leben verläuft.

Nach Psalm 23

Alle gute Gabe

Alle gute Gabe

Du lässt die Sonn aufgehen,
du fügst des Mondes Lauf;
du lässt die Winde wehen
und tust die Wolken auf.
Du schenkst uns so viel Freude,
füllst unser Herz mit Lob.
Du gibst dem Vieh die Weide
und deinen Menschen Brot.

Alle gute Gabe
kommt her von Gott, dem Herrn,
drum dankt ihm, dankt
und hofft auf ihn!

Nach Matthias Claudius,
der Wandsbecker Bote (1783)

Danke!

Das Gras, Kraut und Getreide
lässt wachsen du im Feld,
und Blumen tausendfältig
erfreuen unsre Welt.

Und ich, dein Kind, darf leben,
du schenktest Atem mir
und Menschen, die mich lieben.
Ich danke dir dafür!

15

Ich schreibe in mein Tagebuch

Ich schreibe in mein Tagebuch,
wenn ich mal traurig bin.
Wenn Heike mich belogen hat
und mich am Haar gezogen hat
und alle sind gemein.
Kommt Mutti ärgerlich nach Haus
und lässt die Wut dann an mir aus,
das schreib' ich alles ein.

Ich schreibe in mein Tagebuch,
wenn ich ganz fröhlich bin.
Wenn's Hamsterweibchen Junge
kriegt,
wenn es sich an die Kleinen schmiegt
so kuschelig im Nest.
Wenn Papa sonntags Frühstück
macht
und über Muttis Faxen lacht,
dann halte ich das fest.

Ich schreibe in mein Tagebuch,
was niemand wissen muss.
Nimmt Christian, den ich gerne hab',
mir meinen schweren Ranzen ab
und trägt ihn zu mir rauf.
Wenn er mir eine Muschel schenkt,
sagt, dass er manchmal an mich denkt,
dann schreib ich mir das auf.

Ich schreibe in mein Tagebuch,
wenn ich mal wütend bin.
Wenn meine Schwester mich verpetzt
und sich dann lächelnd zu mir setzt
als wäre nichts geschehn.
Dann schreib' ich meine ganze Wut
ins Tagebuch, Mensch, das tut gut.
Nur sie darf das nie sehn!

Ich schreibe in mein Tagebuch,
was ich am Tag erleb'.
Und später, wenn ich Oma bin,
dann setz' ich mich gemütlich hin
und lese, was da steht.
Dann flüstert mir mein Mann ins Ohr:
„Komm, lies mir
das noch einmal vor!
Nein, wie die Zeit vergeht!"

Gerhard Schöne

Tischgebet

Gott, danke für mein Leben
und für das täglich Brot.
Du hast beides gegeben.

Du gabst auch das Gebot:
zu teilen mit den Armen,
wie es St. Martin tat.

Er fühlte noch Erbarmen
und schenkte, was er hat:
den Mantel, die Sandalen,

sein Brot, ein Schlückchen Wein.
Du lieber Gott im Himmel,
lass mich wie Martin sein!

Danke sagen

Jedes Tierlein findet Futter,
unserm Kind schmeckt Brot
mit Butter,
und die klitzekleinen Katzen
hört man an der Alten schmatzen.

Vöglein, die im Neste liegen,
schlucken Würmer oder Fliegen.
Wenn wir haben satt zu essen:
danke sagen nicht vergessen.

19

Die ahnungslose Pfütze

Auf einem engen Hinterhof stand eine Pfütze. Sie war so grau und gewöhnlich wie die hohen Häuserwände um sie her. Ungewöhnlich nur war an ihr, dass sie nicht sterben konnte, so sehr sie auch danach verlangte. Pfützen sterben ja gern, weil sie den Himmel so lieben, zu dem hinauf sie verdunsten, wie sie die Erde lieben, in die hinein sie versickern. Unsere Pfütze aber konnte nicht verdunsten, kein Sonnenstrahl erreichte sie. Und versickern konnte sie gleich gar nicht; der Boden, den sie bedeckte, war von Beton.

Weil sie also nicht sterben durfte, und die Menschen sich nur über sie ärgerten, und selbst die kleinen Jungen mit ihren Gummistiefeln einen Bogen um sie machten, weinte sie in sich hinein, sooft es regnete. „Keiner mag mich", schluchzte sie, „die Erde nicht, der Himmel nicht und nicht einmal die kleinen Jungen!"

Oben aber, im Hinterhaus C im dritten Stock, wohnte ein alter Seemann, der hatte so kranke Füße, dass er nur noch zwischen Bett, Herd und Fenster hin und her humpeln konnte. Die Nachbarn zwar versorgten ihn willig und – wie sie selber meinten – mit dem Nötigsten. Aber weiß denn ein Mensch vom andern, was er am nötigsten braucht? Der alte Mann hätte gern auf Nudeln und Butter und sogar auf seinen Grog verzichtet, wäre es ihm nur vergönnt gewesen, noch einmal den Himmel zu sehen, die Sterne bei Nacht und am Tage

die weißen Wolken. Doch so weit er sich aus dem Fenster beugte und den Hals verdrehte: über ihm war der einzige erhalten gebliebene Balkon dieses Hauses, und eben der verwehrte ihm den Blick zum Himmel.

Da geschah es im letzten Spätsommer, als er wieder einmal am Fenster stand und auf den Hof hinunter sah, glitt ein heller Schein sacht über die Pfütze hin und verschwand.

Der Alte rieb sich die Augen und blickte gespannt auf den Hof. Und siehe da, wieder kam es weiß über die Pfütze herangeglitten. Da wusste er, dass der Himmel sich und seine Sommerwolken in der Pfütze spiegelte. Und war sie selber nicht beinah himmelblau, solange keine Wolke nahte? Dass er das heut erst entdeckte! – Wer aber ahnt den Himmel auch in einer Pfütze!?

Von nun an kannte der alte Mann keine Langeweile mehr. Den Bildschirm schaltete er nur ein, sobald man die Wetterlage für die kommende Nacht erfuhr. Denn dass die Pfütze sogar Sterne spiegeln konnte, wenn sie nur hell genug leuchteten, dass hatte er bald erkannt. Was aber waren es für Sterne, zu welchem Sternbild gehörten sie? Mehr als zwei oder drei Sterne gab die Pfütze ja nicht her. Aber gerade das Unbestimmte reizte ihn zu genauer Bestimmung.

Also studierte er seine Sternenkarte von neuem nach Monat und Nachtstunde und prüfte das spiegelverkehrte Gefunkel in der Pfütze, bis es nichts mehr daran zu deuteln gab: In seiner Pfütze lag das Hinterteil vom Sternenbild Kleiner Bär.

Bevor er das Fenster schloss, nickte er noch einmal hinunter. Dann ging er zu Bett und schlief glücklich wie ein Kind. – Ob auch die Pfütze schlief? Ja, wenn sie geahnt hätte!

Gott, deine Schöpfung ist wunderbar

Ich sehe was, was du nicht siehst

Ich sehe was, was du nicht siehst.
Das macht mir Mut.
Und du siehst etwas anderes.
Und das ist gut.
Wenn du schwarz siehst,
sehe ich vielleicht ein Licht.
Und du entdeckst, wonach ich such
und find es nicht.

Ich sehe was, was du nicht siehst.
Das sing ich dir.
Und du siehst etwas anderes,
komm, zeig es mir.

Ich habe den Durchblick,
nicht den Überblick.
Und doch, vielleicht braucht jemand
gar mein Puzzelstück.

Ich sehe was, was du nicht siehst:
Groß ist die Welt!
Die Wege sind oft verzweigt
und zugestellt.
Wie gut, dass es dann einen gibt,
der bei mir ist und zu mir sagt:
„Ich sehe was, was du nicht siehst!"

Gerhard Schöne

Oh, was gibt es nur für Hasser!

Manche können es nicht lassen,
immer irgendwas zu hassen!
So zum Beispiel Hunde, Katzen
oder kleine freche Spatzen,
weil nur grau ist ihr Gefieder
und sie keine Lerchenlieder,
sondern Spatzenpiepser tschilpen.

Mäuse hasst man – oder Tiere,
die auf Beinen (zwei mal viere)
laufen, kriechen oder krabbeln,
in den Stubenecken zappeln
oder an der Hauswand hocken,
wo sie alte Damen schocken.

Klatsch! Nun sind sie tot für immer.
Knack! Mit einem Tritt vom Fuße,
ohne Reue, ohne Buße,
wird das Krabbeltier beseitigt.

23

Abschied von zwei Stubenfliegen

Mein Opa ist ein kluger Mann. Und mein Opa sagt manchmal: „Gedanken sind Kräfte und kommen bei dem an, an den du ganz stark denkst. – Das wussten schon die Indianer, die Sioux. Wenn sie einen Büffel erlegt hatten, dann verneigten sie sich vor ihm und baten ihn sogar um Verzeihung, weil er doch auch hatte leben wollen."

Ich muss oft darüber nachdenken – über die Indianer und die Kraft der Gedanken. Ich war mal wieder allein, weil Mama Spätschicht hatte. Sie hatte das Abendbrot für mich vorbereitet, aber zu trinken sollte ich mir selber etwas holen. Gut, ich brühte mir Pfefferminztee auf, natürlich mit viel, viel Honig. Essen mochte ich nichts. Auf dem Tisch lag ein Brief, den Mama an ihre Mutter geschrieben hatte, und für mich lag ein Zettel daneben: „Male doch bitte was Lustiges auf den Umschlag! Schlaf gut! Deine Mama."

Was Lustiges! Ich überlegte und wärmte meine Hände am Teetopf. Was Lustiges … vielleicht einen Schneemann?!

Ich holte meine Faserstifte, den schwarzen und den roten, und weil ich mich eigentlich toll auf das Zeichnen freute, goss ich noch einmal Tee in meine Tasse und tat nach dem Honig noch Ingwerpulver hinein, denn das feuert herrlich im Bauch. Draußen regnete es, und der Schnee taute. Ich malte meinen Schneemann mit einem Regenschirm im linken Arm. Im rechten Arm hielt er eine rote Rose – für Oma. Das Gesicht wollte ich zuletzt zeichnen: Der Schneemann sollte lächeln, ja, er sollte meine Oma anlächeln.

Als ich gerade den Regenschirm mit Karos verziert hatte, setzte sich eine Fliege auf meinen Zeigefinger. Ich hielt still und beobachtete, wie sie die Hinterbeine aneinander rieb; dann flog sie auf den Teetopf und nippte mit ihrem Saugrüssel am feuchten Rand, bis ich sie wegpustete.

Ich wischte den Rand ab und ging zum Herd, um noch einmal Tee in meine Tasse nachzugießen. Da sah ich zwei Fliegen auf der noch warmen Platte sitzen. Ein Griff zum Topflappen, ein Schlag auf die Fliegen – ruckzuck fertig.

So schnell geht das.

Ich setzte mich wieder, um weiterzuzeichnen: den Regen mit dünnen Strichen, zuletzt das Gesicht. Aber es wurde ein sehr trauriges Gesicht. Der Schneemann sah aus, als weine er.

Ob ich die Fliegen getroffen hatte? Ich sah in Richtung Herd. Da saß und krabbelte nichts mehr. Hatte ich sie wirklich erschlagen? Vielleicht lagen sie irgendwo auf dem Rücken und zappelten hilflos ins Leere, bis sie gegen Morgen sterben würden? Warum hatte ich das bloß getan? Sie wollten doch nichts Böses. Nur ein bisschen Wärme, ein bisschen Süßes im Bauch, sie wollten leben – wie ich.

Das Pony auf dem Rummel

Hallo, weißes Pony, erkennst du mich noch?
Ich war schon am Nachmittag hier.
Bin erst eine Tour Autoscooter gefahrn.
Den Rest der Zeit war ich bei dir.

Ich bin der, der fast eine Stunde lang ritt.
Mehr Taschengeld hatte ich nicht.
Dann stand ich noch lange am Rand und sah zu
und sah in dein liebes Gesicht.

Da hab ich gesehen, wie traurig du bist.
Du gucktest nur trüb geradeaus.
Du trottetest müde im Kreise herum,
und ich ging bekümmert nach Haus.

Ich konnte nichts essen, mir war richtig schlecht,
doch endlich fiel mir etwas ein:
Wenn ich mir ein Haus kauf mit Wiese und Stall,
dann komm ich und werd dich befrein.

Solang musst du warten, jetzt geht es noch nicht,
wir wohnen im vierzehnten Stock.
Und wenn ich den Fahrstuhl betrete mit dir,
dann gibt es nur Ärger in Block.

Nun sei nicht mehr traurig, es wird alles gut,
hier hab ich 'n Stück Zucker für dich.
Mach's gut, weißes Pony, ich muss wieder gehn.
Mach's gut, du, und denke an mich.

Gerhard Schöne

Nach Psalm 8

Der du den Himmel hast erdacht
als blaues weites Zelt,
wie einen Teppich bunt gewebt
die Wiese und das Feld.
Und Wälder schön in ihrer Pracht,
hast Schöpfer du für uns gemacht.
Lass singen mich von deinem Werk
und deiner Schöpferkraft.

Der du die Sterne hast erdacht,
die Sonne und den Mond.
Und das Getier, das mit uns lebt,
den Erdenkreis bewohnt.

Und Berge, Meere, Fluss und Tal
hast du geschaffen ohne Zahl.
Lass loben mich dein großes Werk
Und deine Schöpferkraft.

Der du die Menschen hast erdacht
nach deinem Ebenbild:
das Baby, das da jauchzt und lacht,
die Mutter, die es stillt.
Und Menschen, schwarz und weiß
und gelb,
hast du erschaffen für die Welt.
Lass singen mich von deinem Werk
und deiner Schöpfungskraft.

Gotteslob

Mit den Händen will ich fassen
Gras und Erde, Stein und Rinde.
Im Gesichte will ich spüren
Regen, Sonnenschein und Winde.

Mit dem Munde will ich schmecken
Salz, das Bittere und Süße.
Hartes, Weiches, Lehm und Wasser
solln berühren meine Füße.

Mit dem Herzen will ich fühlen
Freude, Traurigkeit und Leid.
Und die Augen sollen sehen
Gottes Schöpferherrlichkeit.

Gott, ich will dir dafür danken,
dass du schenktest mir die Sinne.
Und ein jeder neuer Morgen
Soll mit einem Dank beginnen.

Lieber Vater im Himmel

Lass meine Hände die Dinge verehren,
die du geschaffen hast, o Herr,
und meine Ohren die Stimme hören
in den stummen Geschöpfen um mich her.

Lass meine Füße schmerzend empfinden,
wenn ich zertrete ein winziges Tier,
lass mich die Wunden der Menschen verbinden,
die ich geschlagen, und verzeihe sie mir.

Lass meine Augen die Sonne sehen,
in welcher sich Christus offenbart,
damit wir durch ihn deine Sprache verstehen
im Schöpfungsakt unserer Gegenwart.

Lass mich erfahren, ob Bäume reden
und ob Pflanzen meine Zuwendung verstehn.
Gott, schenke mir Ehrfurcht vor allem Leben.
Lass im Geschöpf mich dein Angesicht sehn!

Singe, mein Mund, den Frieden

Lass uns eine Welt erträumen

Lass uns eine Welt erträumen,
die den Krieg nicht kennt,
wo man Menschen aller Länder
seine Freunde nennt,
wo man alles Brot der Erde
teilt mit jedem Kind,
wo die letzten Diktatoren
Zirkusreiter sind.

Lass uns eine Welt erträumen,
wo man singt und lacht,
wo die Traurigkeit der Andern
selbst uns traurig macht,

wo man, trotz der fremden Sprache,
sich so gut versteht,
dass man alle schweren Wege
miteinander geht.

Lass uns eine Welt erträumen,
wo man unentwegt
Pflanzen, Tiere, Luft und Wasser
wie einen Garten pflegt,
wo man um die ganze Erde
Liebesbriefe schreibt,
und dann lass uns jetzt beginnen,
dass es kein Traum bleibt.

Gerhard Schöne

Friedensgebet

Ich habe schon gehört, wie Menschen miteinander stritten und sich schlugen. Da hatte ich große Angst. Darum bete ich:

Menschen, die sich hassen,
lass wieder Frieden finden.
Nur du kannst, was zerrissen,
verbinden.
Schenk mir deinen guten Geist
und was Böse war, verzeihe.
Lass mich ohne Ängste sein,
deinen Frieden mir verleihe.

So spricht Gott zu dir:

Kind Gottes, du hast um Schutz gebeten,
darum will ich dich schützen.
Du hast zu mir gerufen,
darum höre ich.
Ich bin bei dir in der Not
und helfe dir hinaus.
Ich führe dich ins Licht
und segne dein Leben.
Du wirst spüren,
was ich dir Gutes getan habe.

Psalm 91

Nahesein

Mit dem Hungrigen
das Brot teilen,
mit dem Dürstenden
die Quelle suchen,
mit dem Leidenden
Geduld haben,
mit dem Schwachen
die Last tragen.

Den Ängstlichen
an die Hand nehmen,
dem Traurigen
ein Lächeln schenken,

dem Strauchelnden
zur Seite stehen,
dem Verzweifelten
ein Zuhören schenken.

Den Kranken
in Hoffnung begleiten,
den Gesunden
zur Dankbarkeit ermuntern,
mit dem Fröhlichen
den Augenblick genießen,
dem Glücklichen
sein Glück nicht neiden.

33

Zum Nachsprechen:

Gott, mein Vater,
du willst Frieden
für alle Menschen
dieser Erde.

Ich will dazu beitragen
in Gedanken,
Worten
und Handeln,
Hass und Liebloses
zu verwandeln.

Gott, gib uns Frieden

Gott, gib uns Frieden in unsere Herzen.
Shalom, shalom.
Gott, schenke Frieden für unsere Erde.
Shalom, shalom.

Gebet der Vereinten Nationen

Herr, unsere Erde ist nur ein kleines Gestirn im großen Weltall. An uns liegt es, daraus einen Planeten zu machen, dessen Geschöpfe nicht von Kriegen gepeinigt werden, nicht von Hunger und Furcht gequält, nicht zerrissen in sinnlose Trennung nach Rasse, Hautfarbe und Weltanschauung. Gib uns den Mut und die Voraussicht, schon heute mit diesem Werk zu beginnen, damit wir und unsere Kinder einst mit Stolz den Namen MENSCH tragen.
Amen.

Zuspruch

Jesus Christus sagt zum Abschied
zu seinen Jüngern:
„Meinen Frieden gebe ich euch!"

Lied für den Feind

Lieber Feind in der Ferne,
der du selbst keinen Krieg willst,
der du nur deine Pflicht tust,
zur Erhaltung des Schreckens,
bitte hör deinen Feind an.
Wenn sie dir heute sagen:
„Der da will dir ans Leben!
Will dein Haus niederbrennen,
deinen Garten vergiften,
deine Heimat vernichten!"
Glaub ihnen nicht. Glaub ihnen nicht.
Glaub ihnen nicht, um Himmels willen!

Lieber Feind in der Ferne,
liest du heut in der Zeitung,
wie gefährlich dein Feind ist,
wie gefräßig er lauert,
um dein Land zu vernichten.
Und wenn sie dir befehlen:
„Leg sein Land jetzt in Asche!
Schieß im Namen der Freiheit!
Lösch ihn aus, diesen Unmensch,
und lass nichts von ihm übrig!"
Folg ihnen nicht. Folg ihnen nicht.
Folg ihnen nicht, um deinetwillen.

Lieber Feind in der Ferne,
du weißt nicht, wer dein Feind ist.
Du, wir sollten uns schreiben,
um uns kennenzulernen.
Ich schick dir ein paar Fotos.
Ich mag auch Stevie Wonder.
Kennst du schon Okudshawa?
Nun sag bloß, du singst selber
dann und wann zur Gitarre
und hängst gern einem Traum nach.
Schreib mir davon. Schreib mir davon.
Schreib mir davon, um meinetwillen.

Lieber Feind in der Ferne,
unbekannter Verwandter,
du sollst wissen, dein Feind hängt
genauso am Leben
und trägt sich noch mit Hoffnung.
Glaube nicht den Berichten,
folge nicht den Befehlen,
richte nicht das Visier auf den Bruder,
den Freund,
denn du träfest dich selber.
Glaub mir aufs Wort.
Glaub mir aufs Wort.
Glaub mir aufs Wort, um unsertwillen.

Gerhard Schöne

Der Abend ist gekommen

Der Abend ist gekommen,
wir legen uns zur Ruh.
Gott, schenk uns deinen Frieden,
die Sorgen decke zu.
Sei auch bei allen Kranken
und lindre ihren Schmerz.
Zieh du die Ruhelosen
fest an dein Vaterherz.

Bewahre vor Gefahren,
die unsere Nächsten sind.
Lass deine Engelscharen
geleiten jedes Kind.

Füll uns mit deinem Schweigen
im Schlafe diese Nacht.
Nimm von uns, was die Seele
so schwer und traurig macht.

In dir bin ich geborgen
für eine lange Nacht.
Du bist es, der am Morgen
mich wieder singen macht.
Dein Wille mir geschehe
an jedem neuen Tag
und dass ich mit dir gehe,
was auch geschehen mag.

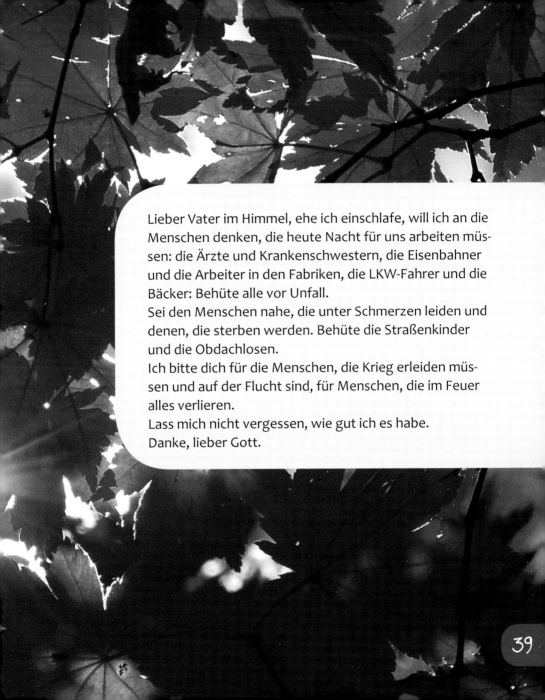

Lieber Vater im Himmel, ehe ich einschlafe, will ich an die Menschen denken, die heute Nacht für uns arbeiten müssen: die Ärzte und Krankenschwestern, die Eisenbahner und die Arbeiter in den Fabriken, die LKW-Fahrer und die Bäcker: Behüte alle vor Unfall.

Sei den Menschen nahe, die unter Schmerzen leiden und denen, die sterben werden. Behüte die Straßenkinder und die Obdachlosen.

Ich bitte dich für die Menschen, die Krieg erleiden müssen und auf der Flucht sind, für Menschen, die im Feuer alles verlieren.

Lass mich nicht vergessen, wie gut ich es habe.

Danke, lieber Gott.

Abendgebet

Sei, Gott, bei allen Kranken,
nimm ihnen Angst und Schmerz
und drücke, die da leiden,
fest an dein Vaterherz.
Dein Wille mir geschehe,
so bitten wir dich, Gott.
Gib du den Kranken Hoffnung,
hilf du in ihrer Not.

Ich liege und schlafe ganz im Frieden,
denn du alleine, Gott, lässt mich ruhen
in deinen Armen.

Psalm 4,8

Schlaflied

Vater, Mutter, Kinder,
Freund und Unbekannt,
gehen jetzt zur Ruhe,
Pärchen Hand in Hand.

Liebespaare träumen
von Schleiern und von Samt,
vom Küssen in 'ner Kutsche
und vom Standesamt.

Vater träumt von Mutter.
Mutter träumt vom Kind.
Das Kind träumt von den Puppen,
die mit im Bettchen sind.

Der Hund träumt von der Katze,
Die Katze träumt von der Maus.
Die Maus vom Speck im Keller.
Und wovon träumt das Haus?

Das Haus, das träumt vom Maurer,
der es neu verputzt.
Der Maurer träumt vom Auto,
das nicht die Luft verschmutzt.

Autos atmen leiser,
weil sie müde sind.
Und auch ich bin heiser.
Schlafe, schlaf, mein Kind.

Gerhard Schöne

41

Die Notfall—Nummer

Es war einmal ein Mann, der hatte überall auf seinem Körper tätowierte Bilder, die sich nicht abwaschen lassen. Herzen, Anker, Frauen, Schwerter, Drachen und solche Sachen. Aber auf dem Handgelenk stand eine Telefonnummer tätowiert.

Der Mann hatte kein richtiges Zuhause. Er schlief im Sommer auf Parkbänken oder sonst wo und im Winter in Heizungskellern. Wenn er mit anderen Obdachlosen zusammensaß, von denen auch etliche tätowiert waren, dann redeten sie dies und das und manche fragten den Mann, was die Nummer auf seinem Handgelenk denn bedeute.

Nicht jedem erzählte er, was es damit auf sich hat. Aber wenn er jemanden mochte, verriet er es. Das ist die Telefonnummer von einem Pater. Den hatte er einmal für eine Nacht um ein Bett gegeben. Am Morgen hatte ihm der Pater ein paar Brötchen mitgegeben, was nur selten Leute tun und dann etwas gesagt, das noch nie jemand gesagt hatte: „Ich bete für Sie!" Für fromme Sprüche hatte der Mann sonst nichts übrig, aber diesem Pater glaubte er, dass er es gut mit ihm meint. Bevor er aus dem Haus trat, gab ihm nämlich der Pater seine Telefonnummer und fügte hinzu: „Wenn Sie mich einmal dringend brauchen, dann rufen Sie an, ich komme sofort!"

Er hat den Pater zwar seitdem noch nie wieder „belästigt", wie er sagt, so schlecht sei es ihm nun auch noch nicht gegangen, aber die Nummer wollte er auf keinen Fall verlieren, deshalb steht sie unauslöschlich auf seinem Handgelenk.

Immer wenn der Mann auf seine Nummer blickt, denkt er: Auf den ist Verlass. Der denkt an mich. Der betet für mich. Wenn ich wollte, könnte ich anrufen. Der würde wirklich kommen.

Zur Nacht

Nussbaum duftet vor dem Hause,
rauscht sein Blätterabendlied
und der Mond, der zwischen Wolken
auf die Erde nieder sieht,
schaut, ob in den Betten liegen
Sascha, Ines, Petra, Klaus
und ob alle Kinder kamen
vor der Dunkelheit nach Haus.

Schafe, Ziegen, Pferd und Kuh
liegen warm im Stall zur Ruh.
Selbst der Wind hat sich gelegt,
längst die Straßen blank gefegt.
Auch die Schiffe sind im Hafen
und die Menschen dürfen schlafen.

Nur im Turm die Eule wacht,
denkt, wenn andre schlafen, nach.

Gott, dein himmlischer Vater,
behütet deine Füße,
dass du nicht gleitest,
er behütet dein Fortgehen
und dein Heimkommen.

Nach Psalm 121

43

Vögel schlafen im Geäste

Vögel schlafen im Geäste,
Kinder träumen lange schon.
Schwälbchen hockt in seinem Neste,
keins fliegt mehr davon.

Und die Sterne schaun vom Himmel,
machen hell die dunkle Nacht.
Hinter seinem Wolkenvorhang
sitzt der Mond und lacht.

Huschen nur die Fledermäuse
lautlos in die Dunkelheit.
Wenn sie hängen im Gehäuse,
ist es Morgenzeit.

Unter deinen Flügeln

Unter deinen Flügeln
kuschle ich mich ein.
Weiß, dass du mir nah bist,
immer für mich da bist,
lieber Engel mein.

Sage dir vorm Schlafen
das, was ich bereu.
Ich kann dir erzählen,
wenn mich Sorgen quälen
und wenn ich mich freu.

Brauch nicht Angst zu haben,
denn du bist ja hier,
hältst zu allen Zeiten,
auch in Schwierigkeiten,
wie ein Freund zu mir.

Niemand kann dich sehen,
und doch gibt es dich.
Mein Gefühl, es trügt nicht,
und mein Herz, es lügt nicht:
Du bist da für mich.

Unter deinen Flügeln
kuschle ich mich ein.
Weiß, dass du mir nah bist,
immer für mich da bist,
lieber Engel mein.

Gerhard Schöne

Textnachweis

S.9: „Augen, Ohren und Herz"
M+T: Gerhard Schöne
© by LIED DER ZEIT MUSIKVERLAG GMBH, Hamburg

S.16/17: „Ich schreibe in mein Tagebuch"
M+T: Gerhard Schöne
© by LIED DER ZEIT MUSIKVERLAG GMBH, Hamburg

S.26: „Das Pony auf dem Rummel"
M+T: Gerhard Schöne
© by LIED DER ZEIT MUSIKVERLAG GMBH, Hamburg

S.30: „Lass uns eine Welt erträumen"
M+T: Gerhard Schöne
© by LIED DER ZEIT MUSIKVERLAG GMBH, Hamburg

S.41: „Schlaflied"
M+T: Gerhard Schöne
© by LIED DER ZEIT MUSIKVERLAG GMBH, Hamburg

Auf der CD hören Sie:

1. Nimm mein Herz 1:42
2. Ich schreibe in mein Tagebuch 2:20
3. Lass uns eine Welt erträumen 1:50
4. Lied für den Feind 2:56
5. Schlaflied 1:56

Mit freundlicher Genehmigung von Sony Music Entertainment GmbH